AF187991

Impressum
Verlag: BABADADA GmbH, Nedderfeld 112 , 22529 Hamburg
Geschäftsführer / Verlagsleitung: Harald Hof
Druck: Books on Demand GmbH, In de Tarpen 42, 22848 Norderstedt

Imprint
Publisher: BABADADA GmbH, Nedderfeld 112 , 22529 Hamburg, Germany
Managing Director / Publishing direction: Harald Hof
Print: Books on Demand GmbH, In de Tarpen 42, 22848 Norderstedt

Szkoła

school

Sala lekcyjna
klaslokaal

dzielić
delen

186/2

Tablica
bord

Dziedziniec szkolny
speelplaats

Nauczyciel
leerkracht

Papier
papier

pisać
schrijven

Pisak
pen

Biurko
bureau

Liniał
liniaal

Książka
boek

Uczeń
leerling

Plecak szkolny

schooltas

Piórnik

pennenzak

Ołówek

potlood

Temperówka

puntenslijper

Gumka do mazania

gom

Blok rysunkowy

tekenblok

Rysunek

tekening

Pędzel

verfborstel

Pudełko z akwarelami

verfdoos

Nożyce

schaar

Klej

lijm

Książka do ćwiczenia

werkboek

Zadanie domowe

huiswerk

Liczba

nummer

2+2

dodawać

optellen

odejmować

aftrekken

mnożyć

vermenigvuldigen

liczyć

rekenen

Litera

letter

Alfabet

alfabet

Słowo

woord

Tekst
....
tekst

czytać
....
Lezen

Kreda
....
krijt

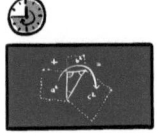

Godzina
....
les

Dziennik lekcyjny
....
klassenboek

Egzamin
....
examen

Świadectwo
....
certificaat

Mundurek szkolny
....
schooluniform

Wykształcenie
....
onderwijs

Leksykon
....
encyclopedie

Uniwersytet
....
universiteit

Mikroskop
....
microscoop

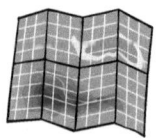

Mapa
....
kaart

Kosz na odpadki
....
papiermand

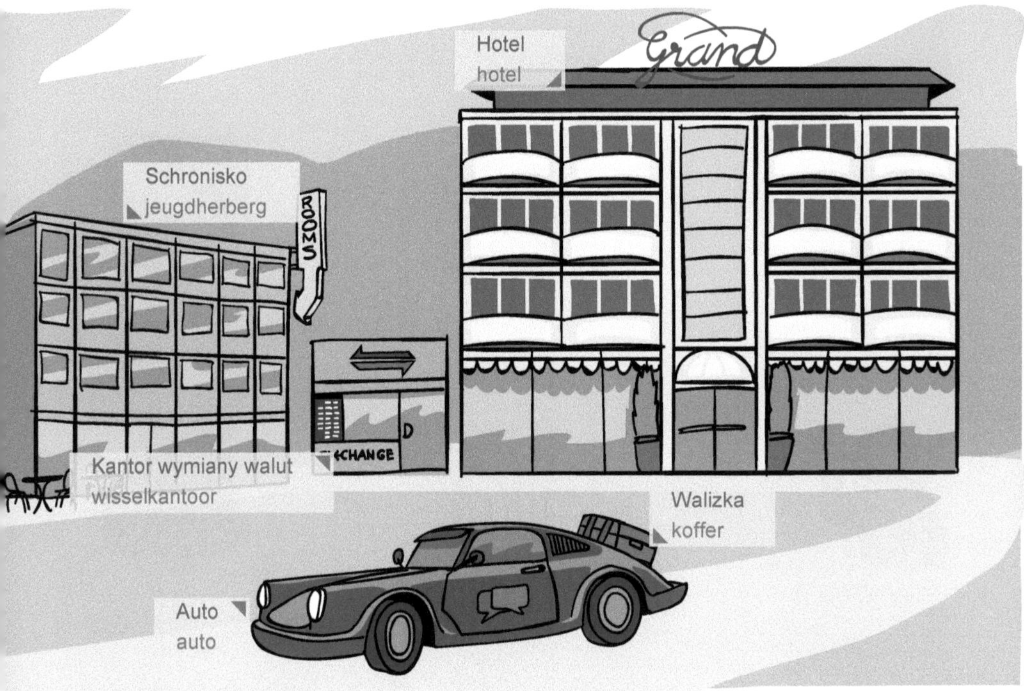

Hotel
hotel
Grand
Schronisko
jeugdherberg
ROOMS
Kantor wymiany walut
wisselkantoor
EXCHANGE
Walizka
koffer
Auto
auto

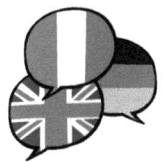

Język

Taal

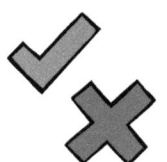

tak / nie

ja / nee

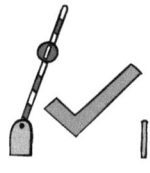

OK

oké

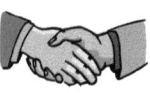

Halo

hallo

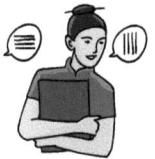

Tłumacz

vertaler

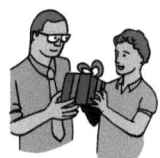

Dziękuję

bedankt

Ile kosztuje ...?

Hoeveel kost ...?

Nie rozumiem

Ik begrijp het niet

Problem

probleem

Dobry wieczór!

Goedenavond!

Dzień dobry!

Goedemorgen!

Dobranoc!

Goedenavond!

Do widzenia

Tot ziens

Kierunek

richting

Bagaż

bagage

Torba

zak

Plecak

rugzak

Gość

gast

Pokój

kamer

Śpiwór

slaapzak

Namiot

tent

Informacja turystyczna

toeristeninformatie

Plaża

strand

Karta kredytowa

kredietkaart

Śniadanie

ontbijt

Obiad

lunch

Kolacja

avondeten

Bilet

ticket

Winda

lift

Znaczek na list

postzegel

Granica

grens

Cło

douane

Ambasada

ambassade

Wiza

visum

Paszport

paspoort

Transport

transport

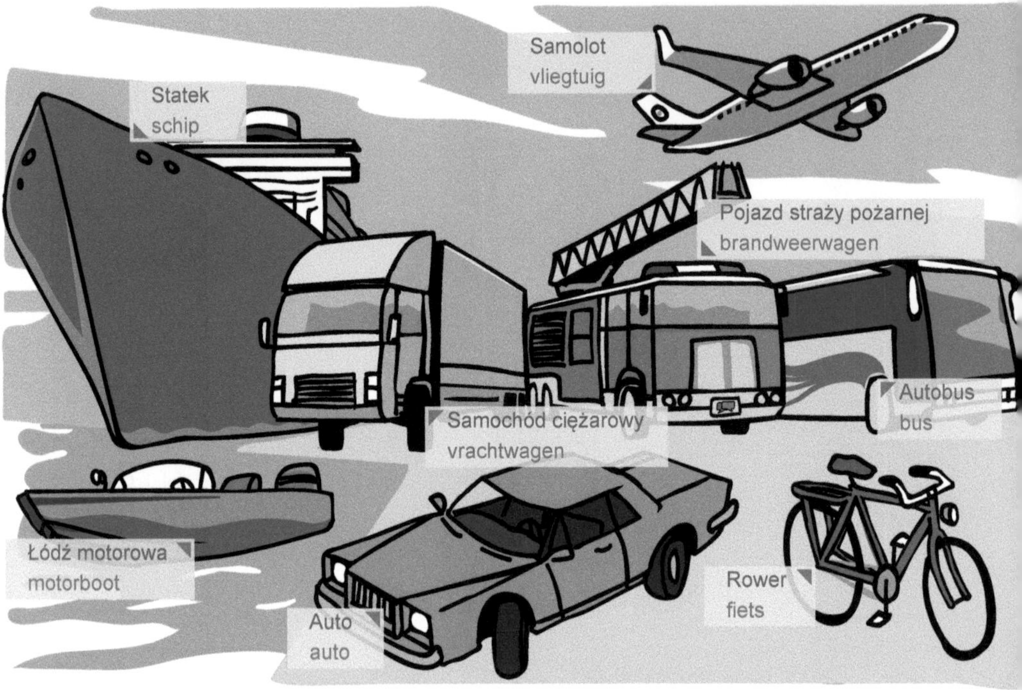
Samolot
vliegtuig
Statek
schip
Pojazd straży pożarnej
brandweerwagen
Autobus
bus
Samochód ciężarowy
vrachtwagen
Łódź motorowa
motorboot
Rower
fiets
Auto
auto

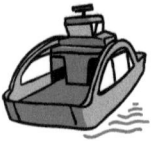

Prom

veerboot

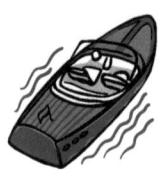

Łódź

boot

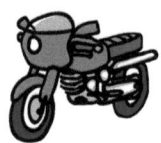

Motocykl

motor

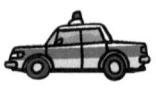

Radiowóz policyjny

politiewagen

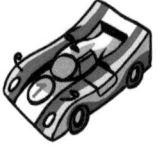

Samochód wyścigowy

racewagen

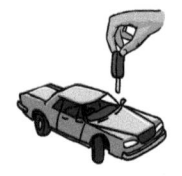

Samochód wypożyczony

huurauto

Wspólne przejazdy
samochodem
....
carpoolen

Samochód pomocy
drogowej
....
sleepwagen

Śmieciarka
....
vuilniswagen

Silnik
....
motor

Benzyna
....
benzine

Stacja benzynowa
....
benzinestation

Znak drogowy
....
verkeersbord

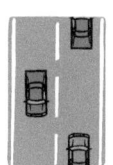

Ruch
....
verkeer

Korek
....
file

Parking
....
parkeerplaats

Dworzec
....
station

Szyny
....
sporen

Pociąg
....
trein

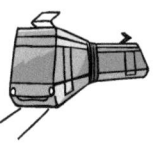

Tramwaj
....
tram

Wagon
....
wagon

Helikopter

helikopter

Lotnisko

luchthaven

Wieża

toren

Pasażer

passagier

Kontener

container

Karton

karton

Taczka

kar

Kosz

mand

startować / lądować

opstijgen / landen

Miasto

stad

Wieś

dorp

Centrum miasta

stadscentrum

Dom

huis

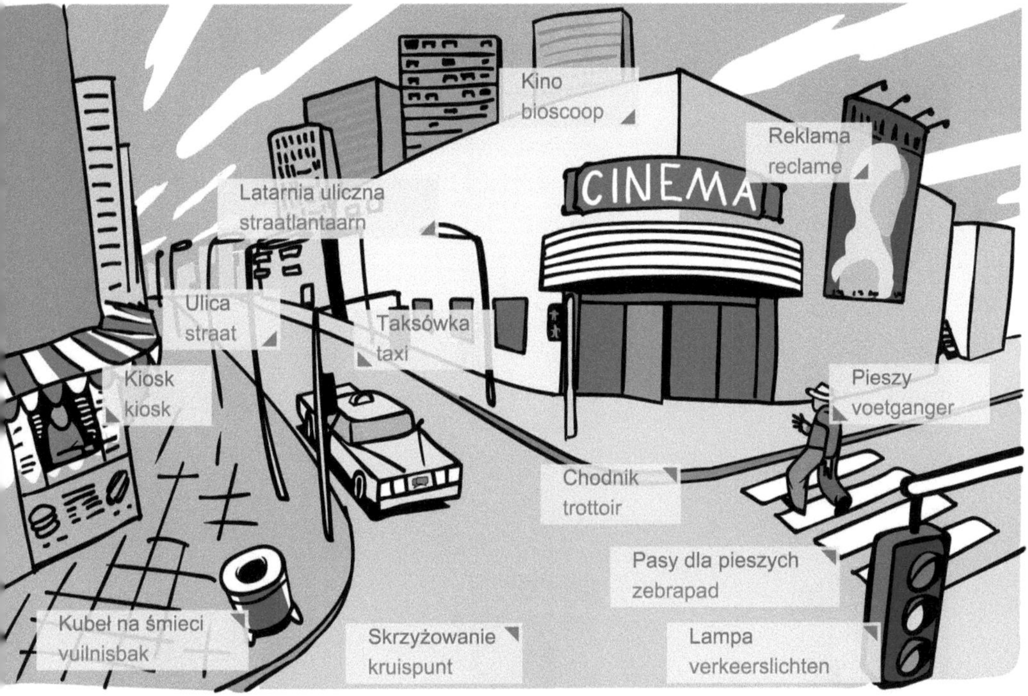

Kino
bioscoop

Reklama
reclame

Latarnia uliczna
straatlantaarn

CINEMA

Ulica
straat

Taksówka
taxi

Pieszy
voetganger

Kiosk
kiosk

Chodnik
trottoir

Pasy dla pieszych
zebrapad

Kubeł na śmieci
vuilnisbak

Skrzyżowanie
kruispunt

Lampa
verkeerslichten

Chata
....
hut

Mieszkanie
....
woning

Dworzec
....
station

Ratusz
....
stadshuis

Muzeum
....
museum

Szkoła
....
school

Uniwersytet

universiteit

Bank

bank

Szpital

ziekenhuis

Hotel

hotel

Apteka

apotheek

Biuro

kantoor

Księgarnia

boekwinkel

Sklep

winkel

Kwiaciarnia

bloemenwinkel

Supermarket

supermarkt

Rynek

markt

Dom towarowy

warenhuis

Sklep z rybami

vishandelaar

Centrum handlowe

winkelcentrum

Port

haven

Park

park

Ławka

bank

Most

brug

Schody

trap

Metro

metro

Tunel

tunnel

Przystanek autobusowy

bushalte

Bar

bar

Restauracja

restaurant

Skrzynka na listy

brievenbus

Tabliczka z nazwą ulicy

straatnaambord

Parkometr

parkeermeter

Zoo

zoo

Łaźnia

zwembad

Meczet

moskee

Gospodarstwo chłopskie

boerderij

Kościół

kerk

Zanieczyszczenie
środowiska

milieuverontreiniging

Plac zabaw

speelplaats

Cmentarz

kerkhof

Świątynia

tempel

Krajobraz
landschap

- Liść / blad
- Drogowskaz / wegwijzer
- Droga / weg
- Łąka / weide
- Kamień / steen
- Drzewo / boom
- Wędrowiec / wandelaar
- Rzeka / rivier
- Trawa / gras
- Kwiat / bloem

Dolina

vallei

Góra

heuvel

Jezioro

meer

Las

bos

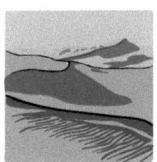

Pustynia

woestijn

Wulkan

vulkaan

Zamek

kasteel

Tęcza

regenboog

Grzyb

paddenstoel

Palma

palmboom

Komar

mug

Mucha

vlieg

Mrówka

mier

Pszczoła

bijl

Pająk

spin

Chrząszcz

kever

Żaba

kikker

Wiewiórka

eekhoorn

Jeż

egel

Zając

haas

Sowa

uil

Ptak

vogel

Łabędź

zwaan

Dzik

wild zwijn

Jeleń

hert

Łoś

eland

Tama

dam

Wiatrak

windturbine

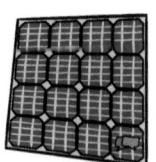

Moduł solarny

zonnepaneel

Klimat

klimaat

Restauracja
restaurant

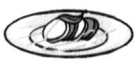

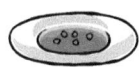

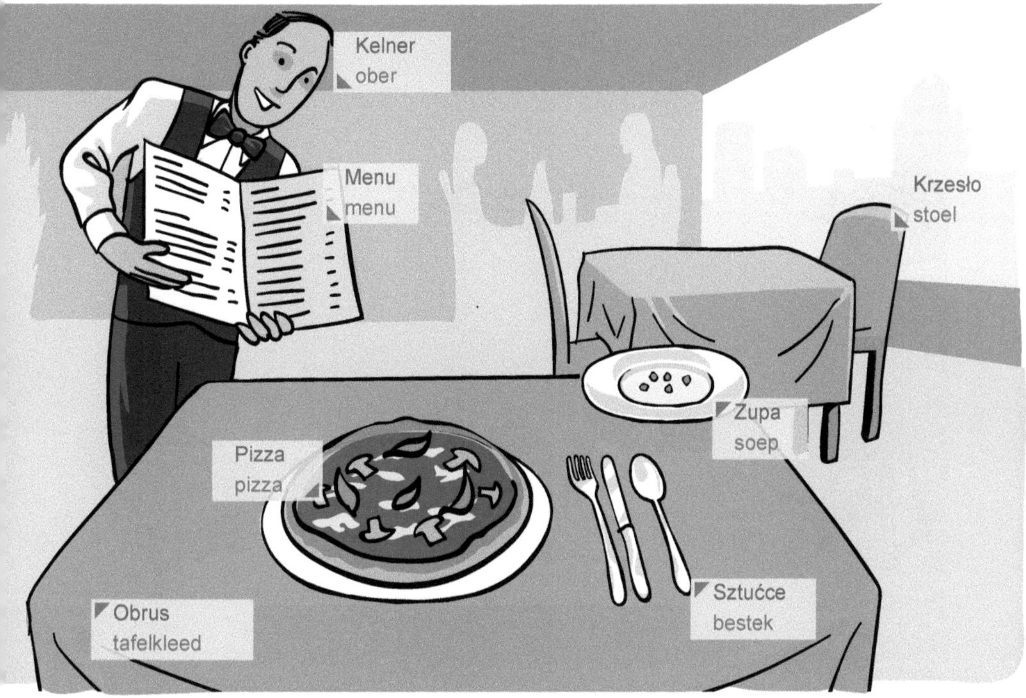
Kelner
ober
Menu
menu
Krzesło
stoel
Zupa
soep
Pizza
pizza
Obrus
tafelkleed
Sztućce
bestek

Przystawka

voorgerecht

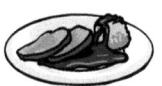

Danie główne

hoofdgerecht

Deser

nagerecht

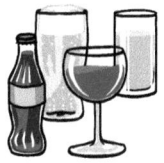

Napoje

drankjes

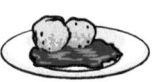

Jedzenie

eten

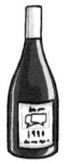

Butelka

fles

Fastfood

fastfood

Streetfood

street food

Dzbanek na herbatę

theepot

Cukierniczka

suikerpot

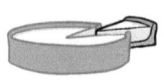

Porcja

portie

Zaparzarka do espresso

espressomachine

Krzesło dla dziecka

kinderstoel

Rachunek

rekening

Taca

dienblad

Noż

mes

Widelec

vork

Łyżka

lepel

Łyżeczka

theelepel

Serwetka

serviette

Szklanka

glas

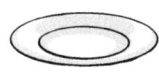

Talerz
bord

Talerz do zupy
soepbord

Podstawek pod filiżankę
schoteltje

Sos
saus

Solniczka
zoutvatje

Młynek do pieprzu
pepermolen

Ocet
azijn

Olej
olie

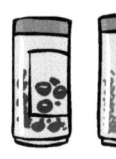

Przyprawy
kruiden

Keczup
ketchup

Musztarda
mosterd

Majonez
mayonaise

Supermarket
supermarkt

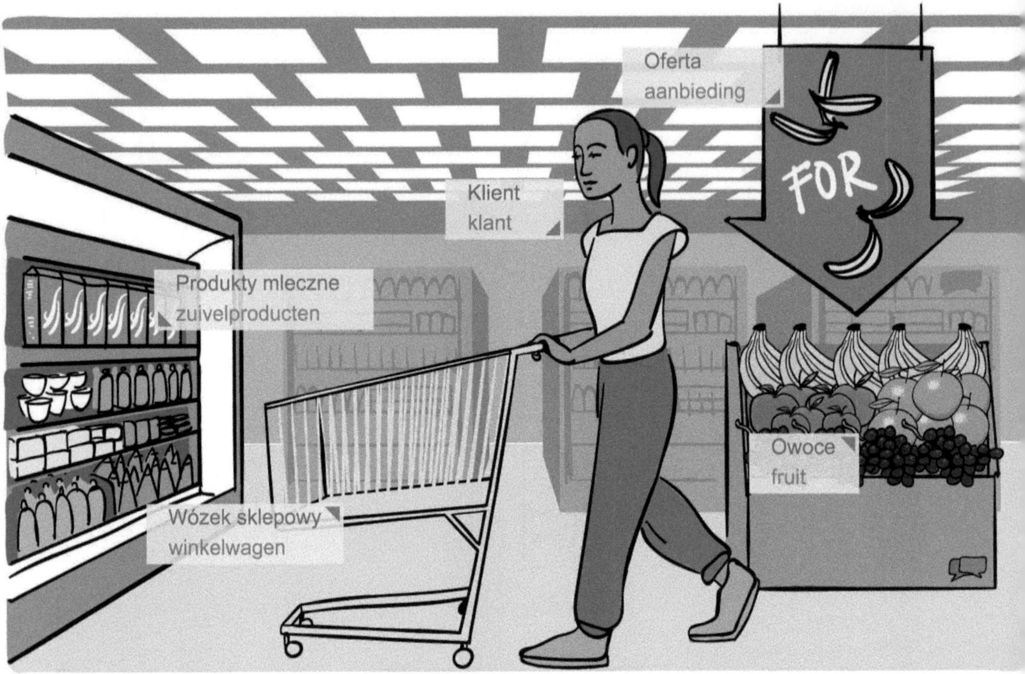

Oferta
aanbieding
FOR
Klient
klant
Produkty mleczne
zuivelproducten
Owoce
fruit
Wózek sklepowy
winkelwagen

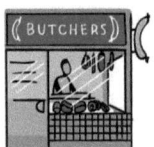

BUTCHERS

Rzeźnia

slagerij

BAKERY

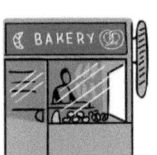

Piekarnia

bakkerij

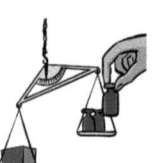

ważyć

wegen

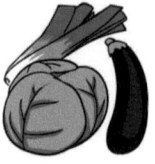

Warzywa

groenten

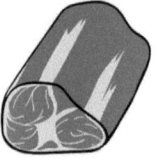

Mięso

vlees

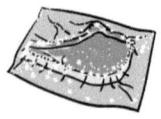

Mrożonki

diepvriesvoedsel

Wędliny

charcuterie

Konserwy

conserven

Proszek m do prania

waspoeder

Słodycze

snoep

Artykuły użytku domowego

huishoudproducten

Środek czyszczący

schoonmaakproducten

Sprzedawczyni

verkoopster

Kasa

kassa

Kasjer

kassier

Lista zakupów

boodschappenlijstje

Godziny otwarcia

openingstijden

Portfel

portefeuille

Karta kredytowa

kredietkaart

Torba

tas

Torebka plastikowa

plastieken zakje

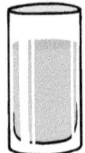

Woda

water

Sok

sap

Mleko

melk

Cola

cola

Wino

wijn

Piwo

bier

Alkohol

alcohol

Kakao

cacao

Herbata

thee

Kawa

koffie

Espresso

espresso

Cappuccino

cappuccino

Banan

banaan

Jabłko

appel

Pomarańcza

sinaasappel

Arbuz

meloen

Cytryna

citroen

Marchew

wortel

Czosnek

knoflook

Bambus

bamboe

Cebula

ajuin

Grzyb

champignon

Orzechy

noten

Makaron

noodles

Spaghetti

spaghetti

Ryż

rijst

Sałatka

salade

Frytki

frieten

Ziemniaki pieczone

gebakken aardappelen

Pizza

pizza

Hamburger

hamburger

Kanapka

sandwich

Sznycel

kalfslapje

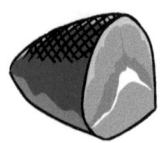

Szynka

ham

Salami

salami

Kiełbasa

worst

Kura

kip

Pieczeń

braden

Ryba

vis

Płatki owsiane

havervlokken

Musli

muesli

Płatki kukurydziane

cornflakes

Mąka

bloem

Croissant

croissant

Bułka

pistolet

Chleb

brood

Toast

toast

Ciastka

koekjes

Masło

boter

Twarożek

kwark

Ciasto

taart

Jajko

ei

Jajko sadzone

spiegelei

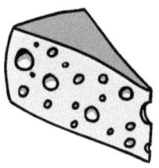

Ser

kaas

Lody	Cukier	Miód
ijs	suiker	honing

Marmolada	Krem nugatowy	Curry
confituur	choco	curry

Gospodarstwo chłopskie

boerderij

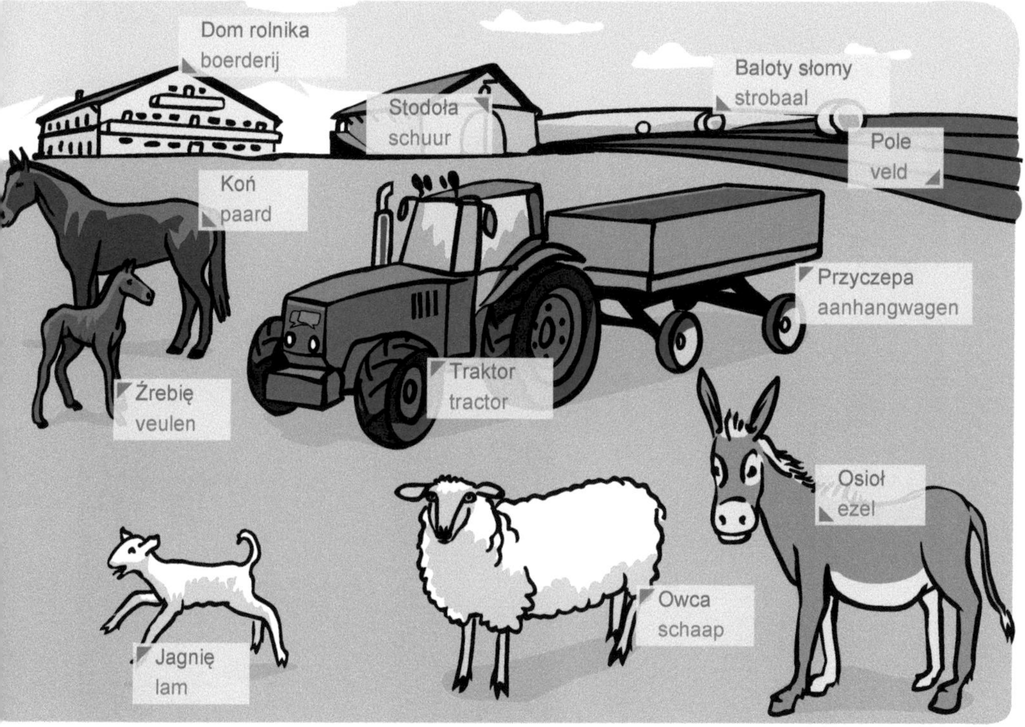

Dom rolnika
boerderij
Baloty słomy
strobaal
Stodoła
schuur
Pole
veld
Koń
paard
Przyczepa
aanhangwagen
Traktor
tractor
Źrebię
veulen
Osioł
ezel
Owca
schaap
Jagnię
lam

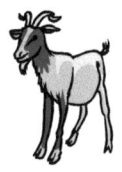

Koza

geit

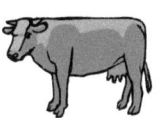

Krowa

koe

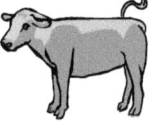

Cielę

kalf

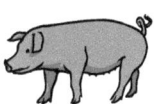

Świnia

varken

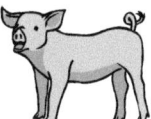

Prosię

biggetje

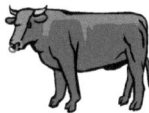

Byk

stier

Gęś

gans

Kaczka

eend

Kurczątko

kuiken

Kura

kip

Kogut

haan

Szczur

rat

Kot

kat

Mysz

muis

Osioł

os

Pies

hond

Buda dla psa

hondenhok

Wąż ogrodowy

tuinslang

Konewka

gieter

Kosa

zeis

Pług

ploeg

Sierp

sikkel

Graca

schoffel

Widły

hooivork

Siekiera

bijl

Taczka

kruiwagen

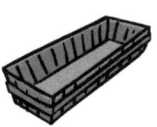

Koryto

trog

Kanka na mleko

melkkan

Worek

zak

Płot

hek

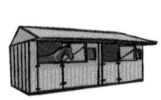

Stajnia

stal

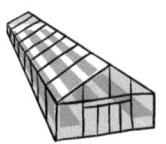

Szklarnia

broeikas

Ziemia

bodem

Nasiona

zaad

Nawóz

mest

Kombajn zbożowy

maaidorser

zbierać

oogsten

Żniwa

oogst

Podchrzyn

yam

Pszenica

tarwe

Soja

soja

Ziemniak

aardappel

Kukurydza

maïs

Rzepak

koolzaad

Drzewo owocowe

fruitboom

Maniok

maniok

Zboże

graan

Dom
huis

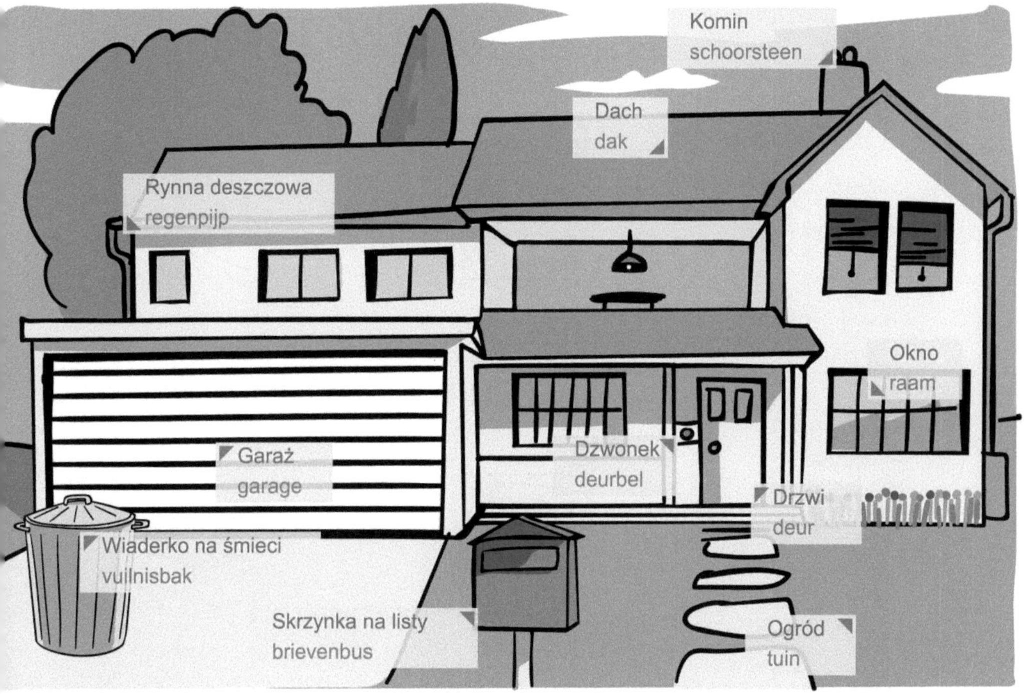
Komin
schoorsteen
Dach
dak
Rynna deszczowa
regenpijp
Okno
raam
Garaż
garage
Dzwonek
deurbel
Drzwi
deur
Wiaderko na śmieci
vuilnisbak
Skrzynka na listy
brievenbus
Ogród
tuin

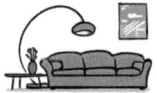

Pokój dzienny

woonkamer

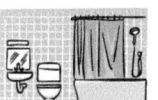

Łazienka

badkamer

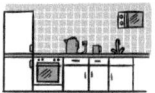

Kuchnia

keuken

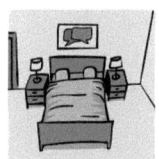

Sypialnia

slaapkamer

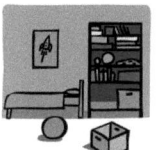

Pokój dziecięcy

kinderkamer

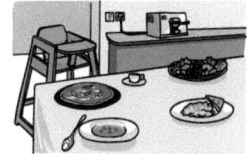

Jadalnia

eetkamer

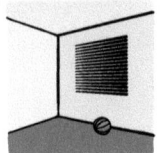

Ziemia

vloer

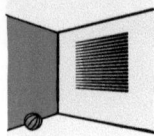

Ściana

muur

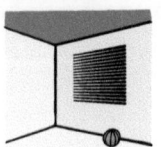

Koc

plafond

Piwnica

kelder

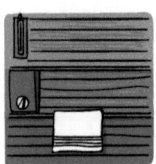

Sauna

sauna

Balkon

balkon

Taras

terras

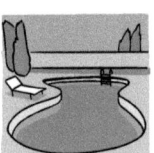

Basen

zwembad

Kosiarka do trawy

grasmaaier

Poszwa

dekbedovertrek

Kołdra

dekbed

Łóżko

bed

Miotła

bezem

Wiadro

emmer

Włącznik

schakelaar

Pokój dzienny
woonkamer

Tapeta
behangpapier
Obraz
foto
Lampa
lamp
Regał
schap
Szafa
kast
Telewizor
televisie
Komin
open haard
Kwiat
bloem
Poduszka
kussen
Kanapa
sofa
Wazon
vaas
Pilot
afstandsbediening

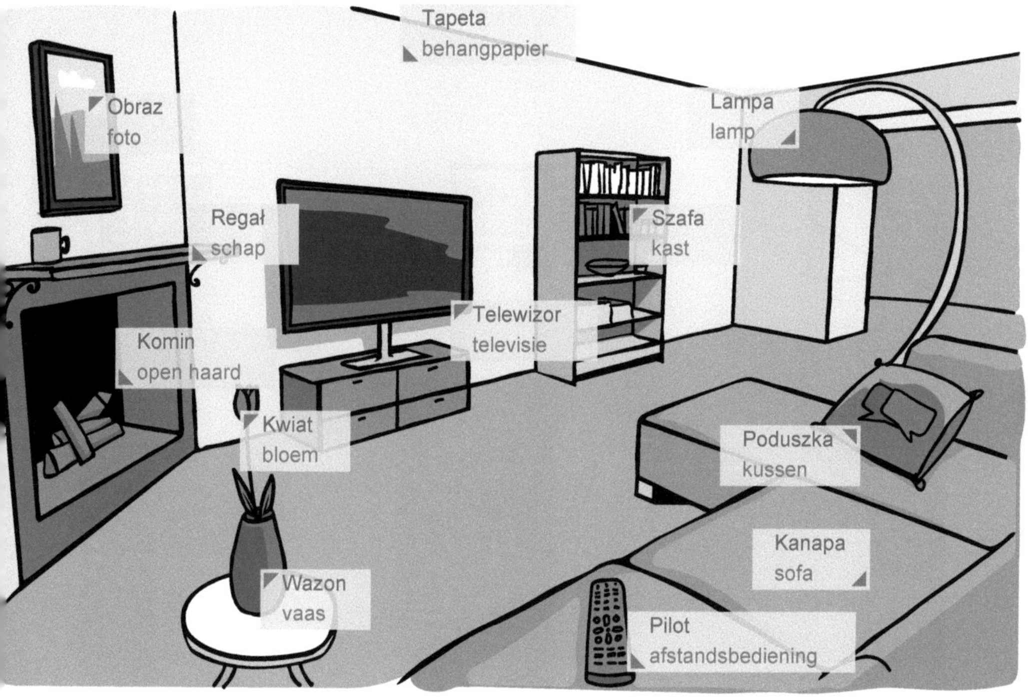

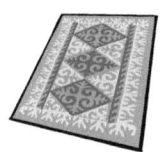

Dywan

mat

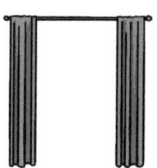

Zasłona

gordijn

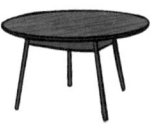

Stół

tafel

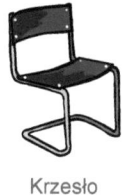

Krzesło

stoel

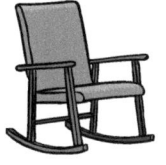

Bujak

schommelstoel

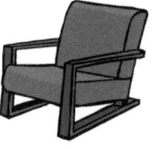

Fotel

fauteuil

Książka

boek

Sufit

deken

Dekoracja

decoratie

Drewno kominkowe

brandhout

Film

film

Instalacja stereo

stereo-installatie

Klucz

sleutel

Gazeta

krant

Malunek

schilderij

Plakat

poster

Radio

radio

Notatnik

notitieboekje

Odkurzacz

stofzuiger

Kaktus

cactus

Świeczka

kaars

Kuchnia
keuken

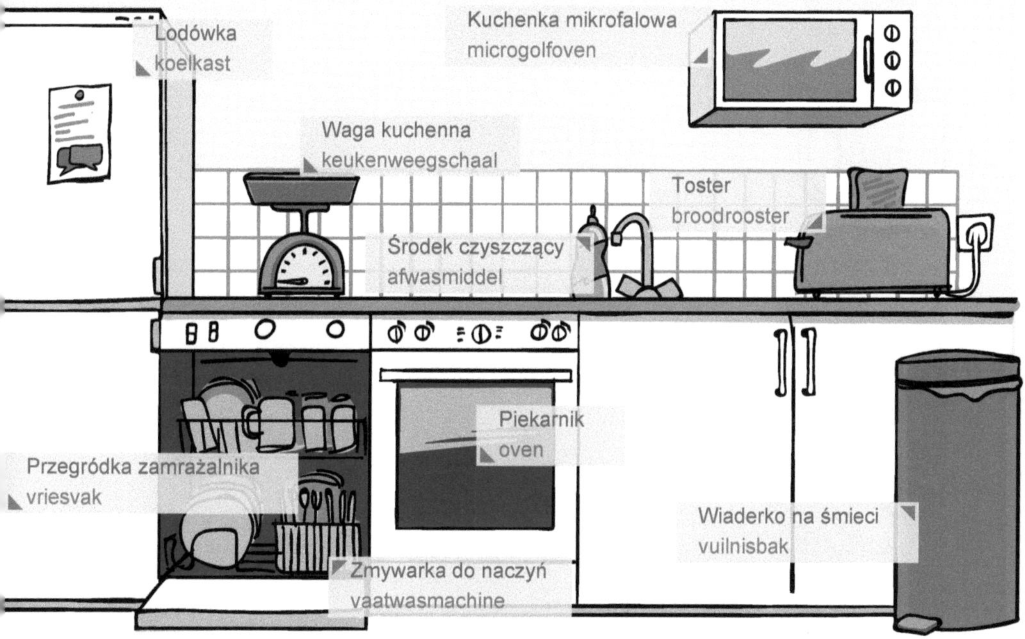

Lodówka
koelkast
Kuchenka mikrofalowa
microgolfoven
Waga kuchenna
keukenweegschaal
Toster
broodrooster
Środek czyszczący
afwasmiddel
Piekarnik
oven
Przegródka zamrażalnika
vriesvak
Wiaderko na śmieci
vuilnisbak
Zmywarka do naczyń
vaatwasmachine

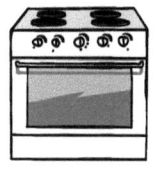

Kuchenka
fornuis

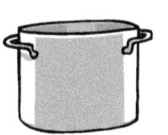

Garnek
pot

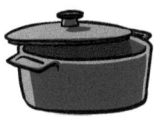

Kocioł żeliwny
gietijzeren pot

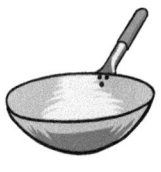

Wok / Kadai
wok / kadai

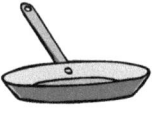

Patelnia
pan

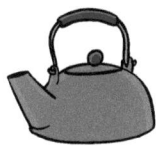

Czajnik
waterkoker

Parowar

stoomkoker

Blacha do pieczenia

bakplaat

Naczynia kuchenne

servies

Kubek

mok

Miska

kom

Pałeczki

eetstokjes

Nabierka

pollepel

Łopatka do smażenia

spatel

Trzepaczka do śmietany

garde

Cedzak

vergiet

Sitko

zeef

Tarka

rasp

Moździerz

mortier

Grillowanie

barbecue

Palenisko

haardvuur

Kuchnia - keuken

Deska

snijplank

Wałek do ciasta

deegrol

Korkociąg

kurkentrekker

Puszka

blik

Otwieracz do puszek

blikopener

Ściereczka do trzymania garnka

pannenlap

Umywalka

gootsteen

Szczotka

borstel

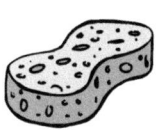

Gąbka

spons

Mikser

blender

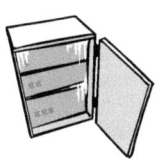

Zamrażarka

vriezer

Butelka dla niemowlęcia

papfles

Kran

kraan

Łazienka
badkamer

Prysznic
douche
Ogrzewanie
verwarming
Ręcznik
handdoek
Kotara prysznicowa
douchegordijn
Płyn do kąpieli
bubbelbad
Wanna kąpielowa
badkuip
Szklanka
glas
Pralka
wasmachine
Kran
kraan
Kafelki
tegels
Nocnik
kinderpo
Umywalka
gootsteen

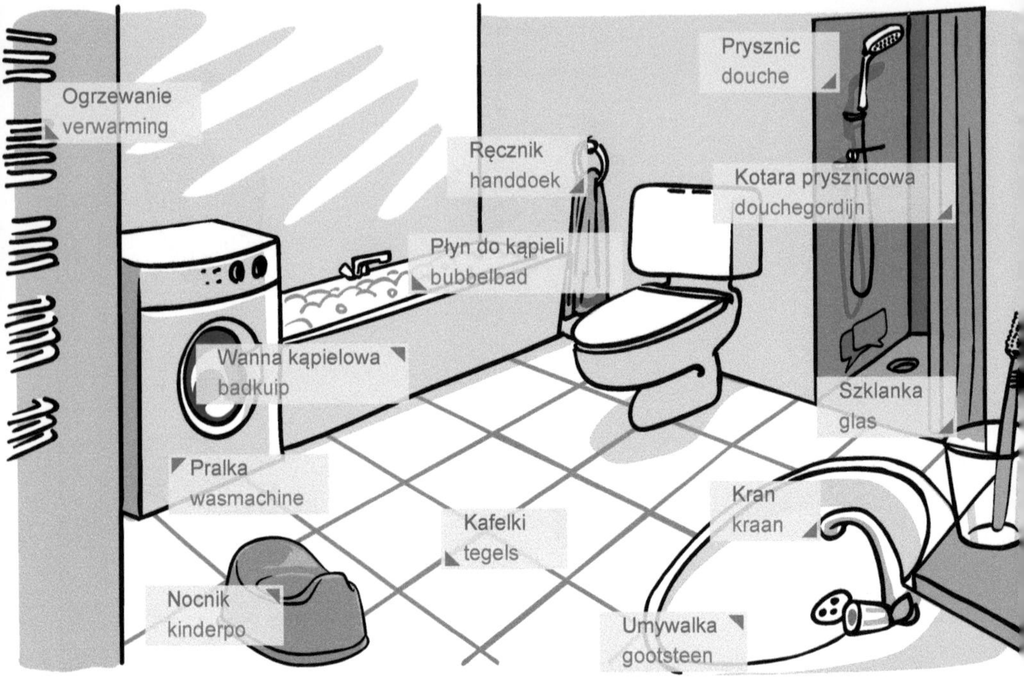

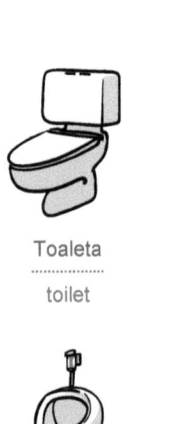

Toaleta
toilet

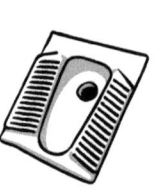

Toaleta kuczna
hurktoilet

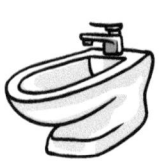

Bidet
bidet

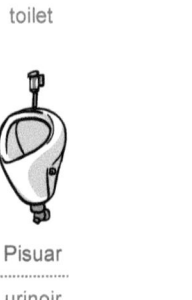

Pisuar
urinoir

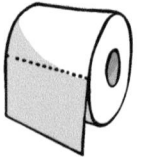

Papier toaletowy
toiletpapier

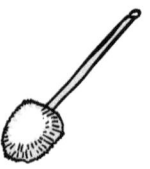

Szczotka toaletowa
toiletborstel

Szczoteczka do zębów

tandenborstel

Pasta do zębów

tandpasta

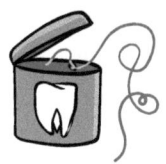

Nitki do czyszczenia zębów

flosdraad

myć

wassen

Głowica prysznicowa

handdouche

Płyn kąpielowy do higieny intymnej

bidethanddouche

Miska do mycia

waskom

Szczotka kąpielowa

rugborstel

Mydło

zeep

Żel prysznicowy

douchegel

Szampon

shampoo

Rękawica kąpielowa

washandje

Odpływ

afvoer

Krem

crème

Dezodorant

deodorant

Lustro

spiegel

Lustro kosmetyczne

handspiegel

Golarka

scheermes

Pianka do golenia

scheerschuim

Woda po goleniu

aftershave

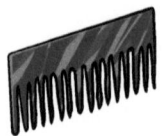

Grzebień

kam

Szczotka

borstel

Suszarka do włosów

haardroger

Spray do włosów

haarlak

Makijaż

make-up

Pomadka

lippenstift

Lakier do paznokci

nagellak

Wata

watten

Nożyczki do paznokci

nagelknipper

Perfum

parfum

Kosmetyczka

toilettas

Taboret

kruk

Waga

weegschaal

Szlafrok kąpielowy

badjas

Rękawice gumowe

latex handschoenen

Tampon

tampon

Podpaska damska

maandverband

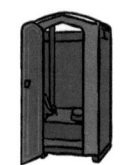

Toaleta chemiczna

chemisch toilet

Pokój dziecięcy
kinderkamer

Budzik
wekker
Pluszowa przytulanka
knuffel
Samochodzik
speelgoedauto
Grzechotka
rammelaar
Domek dla lalek
poppenhuis
Prezent
geschenk

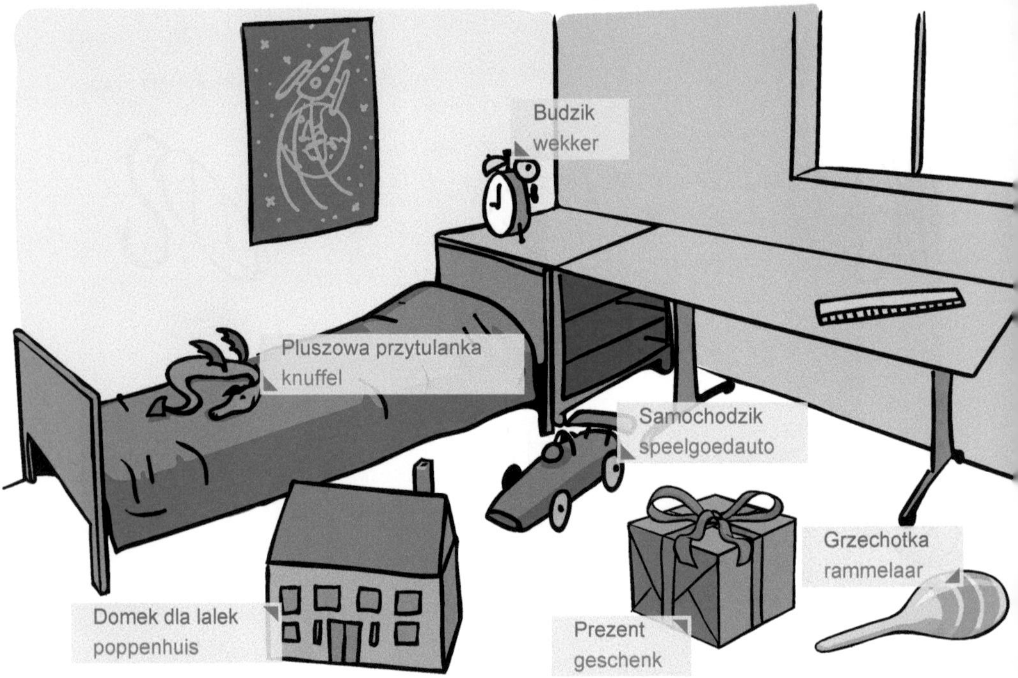

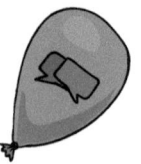

Balon

ballon

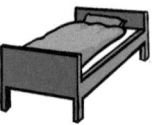

Łóżko

bed

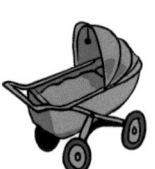

Wózek dziecięcy

kinderwagen

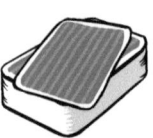

Gra w karty

spel kaarten

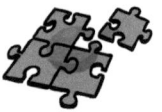

Puzzle

puzzel

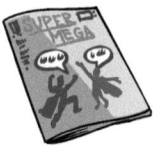

Komiks

stripboek

Klocki lego

legoblokjes

Klocki

blokken

Action figura

actiefiguur

Śpioszek dziecięcy

kruippakje

Frisbee

frisbee

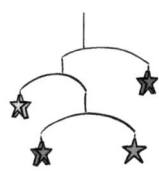

Zabawki ruchome

mobiel

Gra planszowa

bordspel

Kości

dobbelsteen

Kolejka elektryczna

modelspoorweg

Smoczek

fopspeen

Przyjęcie

feest

Książka z ilustracjami

prentenboek

Piłka

bal

Lalka

pop

bawić się

spelen

Piaskownica

zandbak

Huśtawka

schommel

Zabawki

speelgoed

Konsola do gier

spelconsole

Rowerek trójkołowy

driewieler

Pluszowy miś

knuffelbeer

Szafa ubraniowa

kleerkast

Ubiór

kleding

Skarpety

sokken

Pończochy

kousen

Rajstopy

maillot

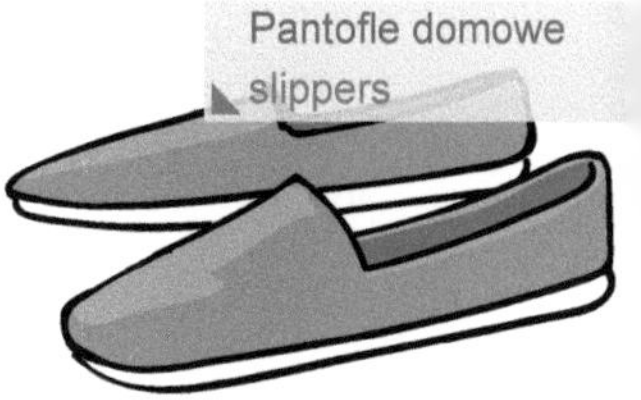

Szal
sjaal

Parasol
paraplu

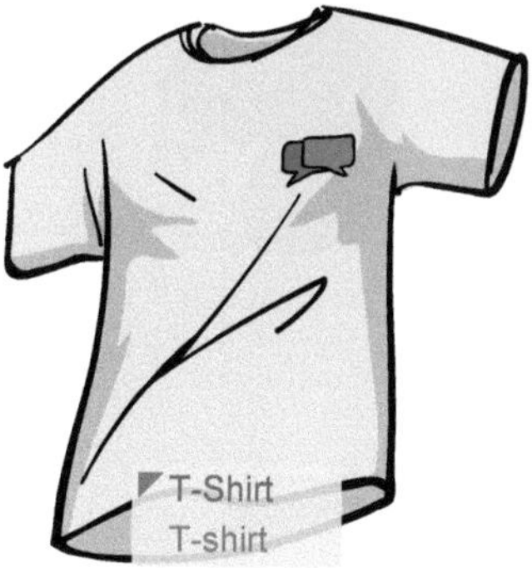

T-Shirt
T-shirt

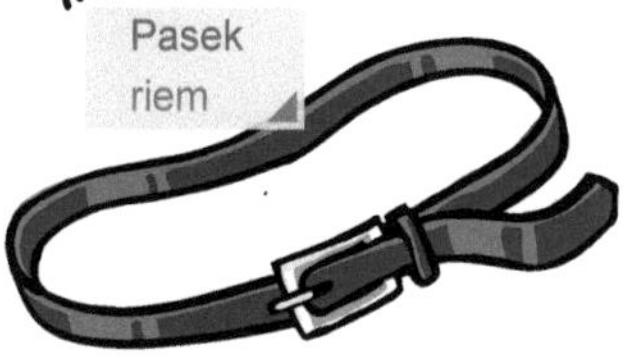

Pasek
riem

Kozaki
laarzen

Pantofle domowe
slippers

Obuwie sportowe
sneakers

Sandały
....
sandalen

Buty
....
schoenen

Kalosze
....
rubberlaarzen

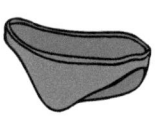

Majtki
....
onderbroek

Biustonosz
....
beha

Podkoszulek
....
onderhemd

Body

lichaam

Spodnie

broek

Dżins

jeans

Spódnica

rok

Bluzka

blouse

Koszula

hemd

Pulower

trui

Bluza sportowa

capuchontrui

Marynarka

blazer

Kurtka

jas

Płaszcz

jas

Płaszcz przeciwdeszczowy

regenjas

Kostium

kostuum

Sukienka

jurk

Suknia ślubna

trouwjurk

Garnitur męski

pak

Koszula nocna

nachthemd

Piżama

pyjama

Sari

sari

Chusta na głowę

hoofddoek

Turban

tulband

Burka

boerka

Kaftan

kaftan

Abaya

abaya

Strój kąpielowy

badpak

Kąpielówki

zwembroek

Krótkie spodnie

short

Dres sportowy

trainingspak

Fartuch

schort

Rękawiczki

handschoenen

Guzik

knoop

Okulary

bril

Bransoletka

armband

Łańcuszek

ketting

Pierścionek

ring

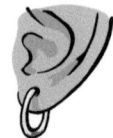

Kolczyk

oorbel

Czapka

pet

Wieszak

kapstok

Kapelusz

hoed

Krawat

das

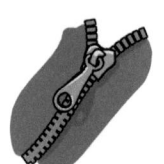

Zamek błyskawiczny

rits

Kask

helm

Szelki

bretellen

Mundurek szkolny

schooluniform

Mundur

uniform

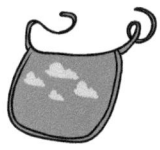

Śliniaczek

slabbetje

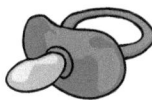

Smoczek

fopspeen

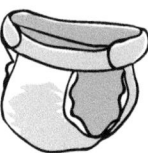

Pieluszka

luier

Biuro
kantoor

Serwer
server
Szafa na akta
dossierkast
Papier
papier
Drukarka
printer
Monitor
monitor
Mysz
muis
Biurko
bureau
Segregator
map
Klawiatura
toestenbord
Kosz na odpadki
papiermand
Komputer
computer
Krzesło
stoel

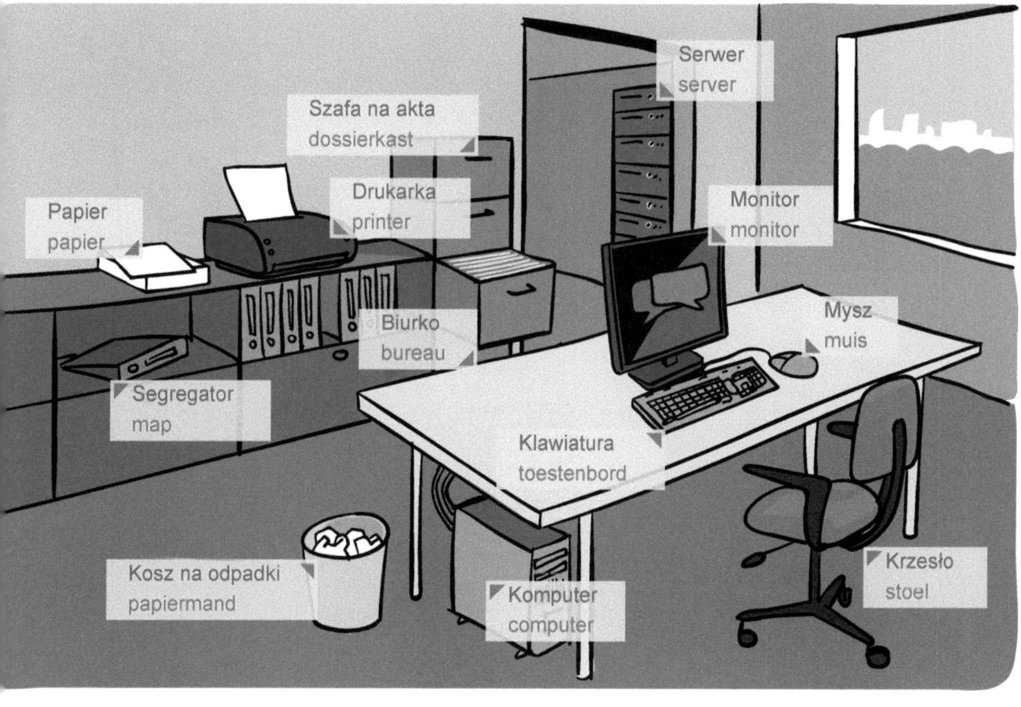

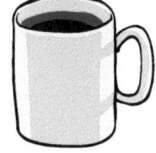

Filiżanka do kawy

koffiemok

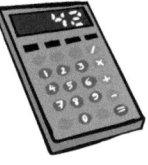

Kalkulator

rekenmachine

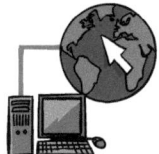

Internet

internet

Laptop

laptop

List

brief

Wiadomość

bericht

Komórka

gsm

Sieć

netwerk

Kopiarka

kopieerapparaat

Oprogramowanie

software

Telefon

telefoon

Gniazdko

stopcontact

Faks

fax

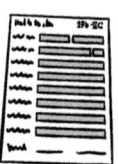

Formularz

formulier

Dokument

document

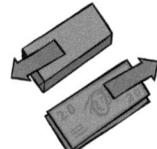

kupić
....
kopen

płacić
....
betalen

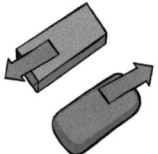

postępować
....
handelen

Pieniądze
....
geld

Dolar
....
dollar

Euro
....
euro

Jen
....
yen

Rubel
....
roebel

Frank
....
Zwitserse frank

Juan Renminbi
....
Chinese renminbi

Rupia
....
roepie

Bankomat
....
geldautomaat

Kantor wymiany walut

wisselkantoor

Złoto

goud

Srebro

zilver

Olej

olie

Energia

energie

Cena

prijs

Umowa

contract

Podatek

belasting

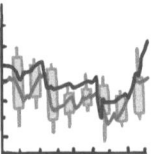

Akcja

aandeel

pracować

werken

Pracownik umysłowy

werknemer

Pracodawca

werkgever

Fabryka

fabriek

Sklep

winkel

Zawody
beroepen

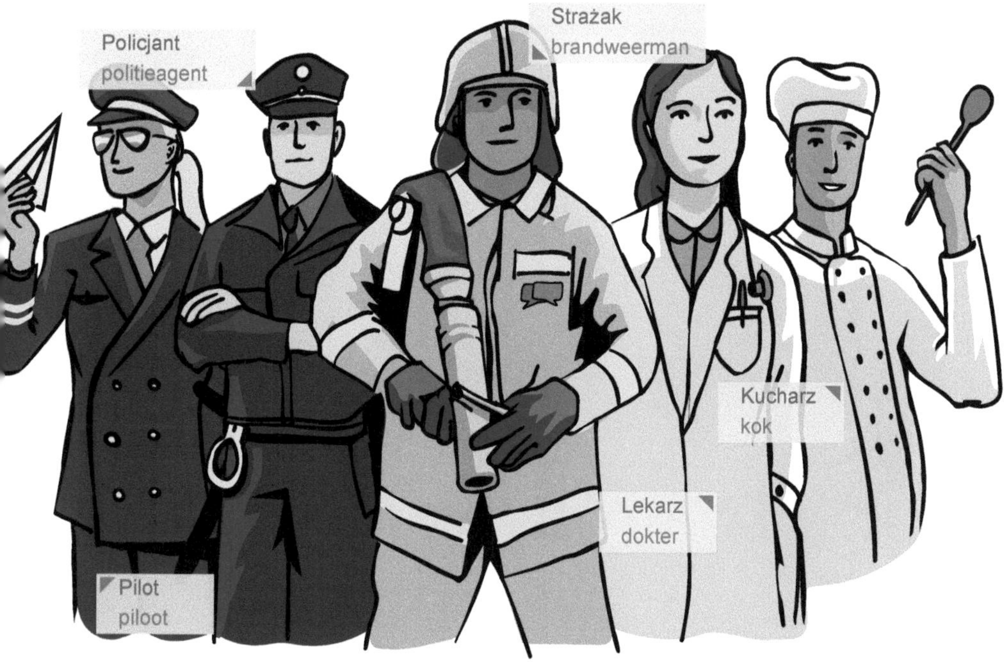
Policjant
politieagent
Strażak
brandweerman
Kucharz
kok
Lekarz
dokter
Pilot
piloot

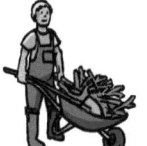

Ogrodnik

tuinman

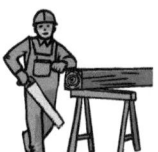

Stolarz

timmerman

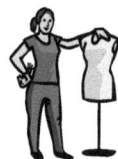

Krawcowa

naaister

Sędzia

rechter

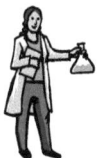

Chemik

chemicus

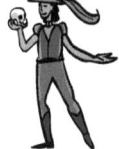

Aktor

acteur

Kierowca autobusu

buschauffeur

Taksówkarz

taxichauffeur

Fischer

visser

Sprzątaczka

schoonmaakster

Dekarz

dakdekker

Kelner

ober

Myśliwy

jager

Malarz

schilder

Piekarz

bakker

Elektryk

elektricien

Robotnik budowlany

bouwvakker

Inżynier

ingenieur

Rzeźnik

slager

Instalator

loodgieter

Listonosz

postbode

Żołnierz

soldaat

Architekt

architect

Kasjer

kassier

Florysta

bloemist

Fryzjer

kapper

Konduktor

conducteur

Mechanik

mecanicien

Kapitan

kapitein

Dentysta

tandarts

Naukowiec

wetenschapper

Rabin

rabbijn

Imam

imam

Mnich

monnik

Proboszcz

geestelijke

Narzędzia
werktuigen

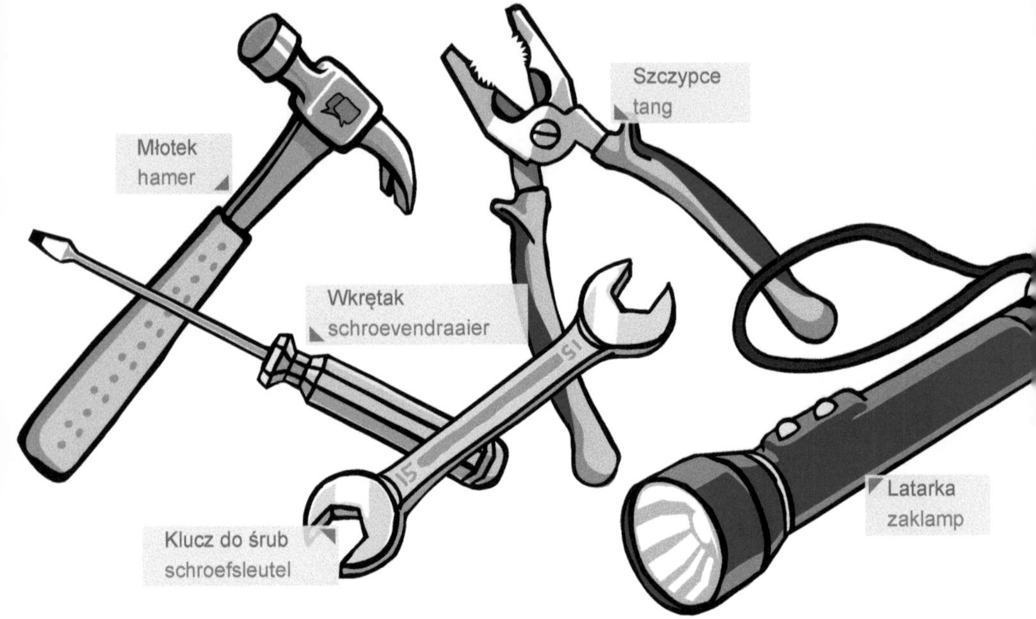
Młotek
hamer
Szczypce
tang
Wkrętak
schroevendraaier
Latarka
zaklamp
Klucz do śrub
schroefsleutel

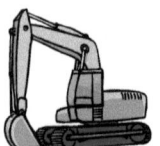

Koparka

graafmachine

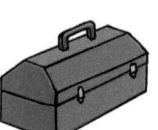

Skrzynka narzędziowa

gereedschapskoffer

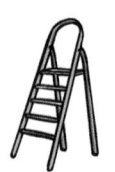

Drabina

ladder

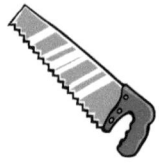

Piła

zaag

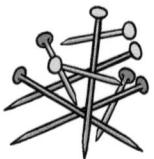

Gwoździe

spijkers

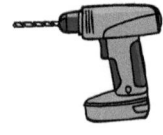

Wiertło

boormachine

naprawić
....
repareren

Łopatka
....
schop

Cholera!
....
Verdomme!

Szufelka
....
blik

Puszka z farbą
....
verfpot

Śruby
....
schroeven

Instrumenty muzyczne
muziekinstrumenten

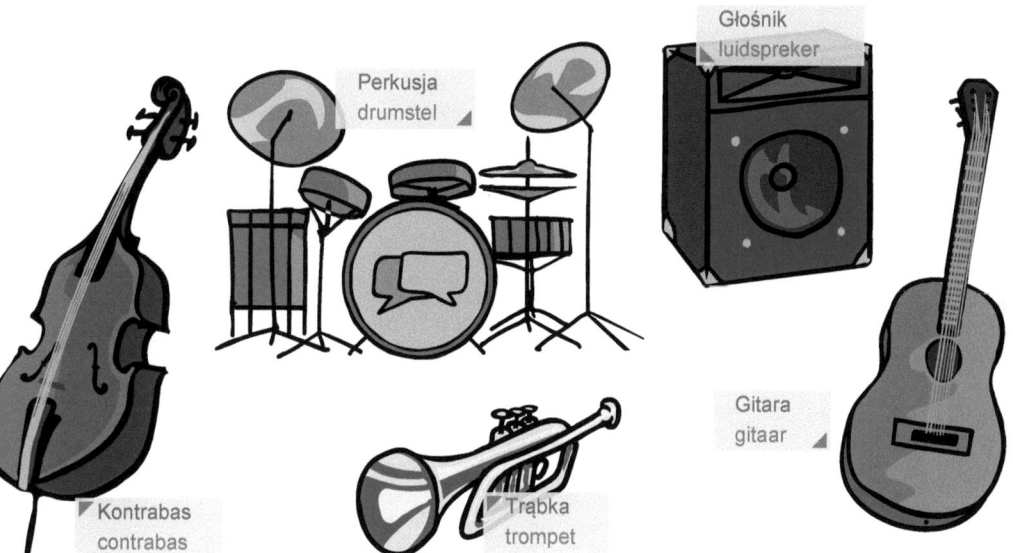

Pianino

piano

Skrzypce

viool

Bas

basgitaar

Kotły

pauk

Bęben

trommels

Keyboard

keyboard

Saksofon

saxofoon

Flet

fluit

Mikrofon

microfoon

Zoo

zoo

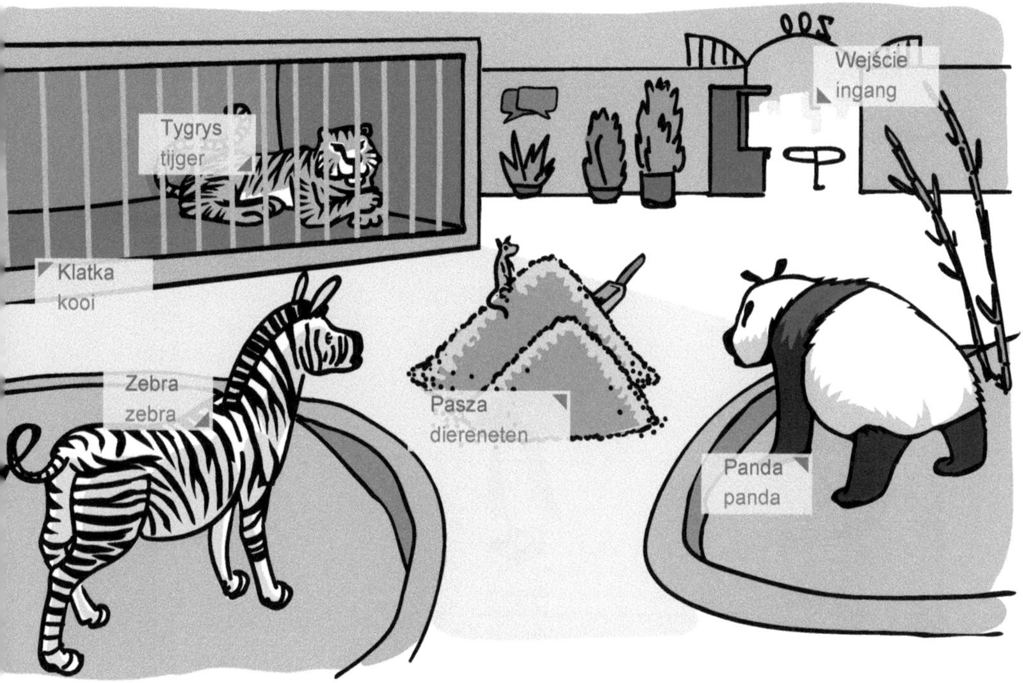

Tygrys
tijger
Wejście
ingang
Klatka
kooi
Zebra
zebra
Pasza
diereneten
Panda
panda

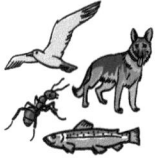

Zwierzęta

dieren

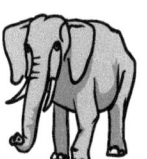

Słoń

olifant

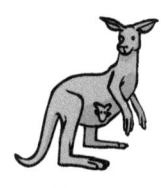

Kangur

kangoeroe

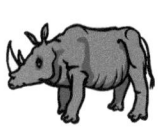

Nosorożec

neushoorn

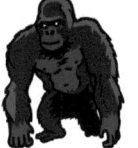

Goryl

gorilla

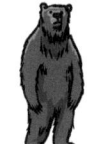

Niedźwiedź

beer

Wielbłąd

kameel

Struś

struisvogel

Lew

leeuw

Małpa

aap

Fleming

flamingo

Papuga

papegaai

Niedźwiedź polarny

ijsbeer

Pingwin

pinguïn

Rekin

haai

Paw

pauw

Wąż

slang

Krokodyl

krokodil

Dozorca w zoo

dierenverzorger

Foka

zeehond

Jaguar

jaguar

Kucyk

pony

Gepard

luipaard

Hipopotam

nijlpaard

Żyrafa

giraffe

Orzeł

adelaar

Dzik

wild zwijn

Ryba

vis

Żółw

zeeschildpad

Mors

walrus

Lis

vos

Gazela

gazelle

Sport
sporten

Futbol amerykański
rugby

Kolarstwo
wielrennen

Tenis
tennis

Koszykówka
basketbal

Pływanie
zwemmen

Boks
boksen

Hokej na lodzie
ijshockey

Piłka nożna
....
voetbal

Badminton
....
badminton

Lekka atletyka
....
atletiek

Piłka ręczna
....
handbal

Narciarstwo
....
skiën

Polo
....
polo

Działania
activiteiten

śmiać się
lachen
skakać
springen
objąć
knuffelen
iść
wandelen
śpiewać
zingen
marzyć
dromen
modlić się
bidden
całować
kussen

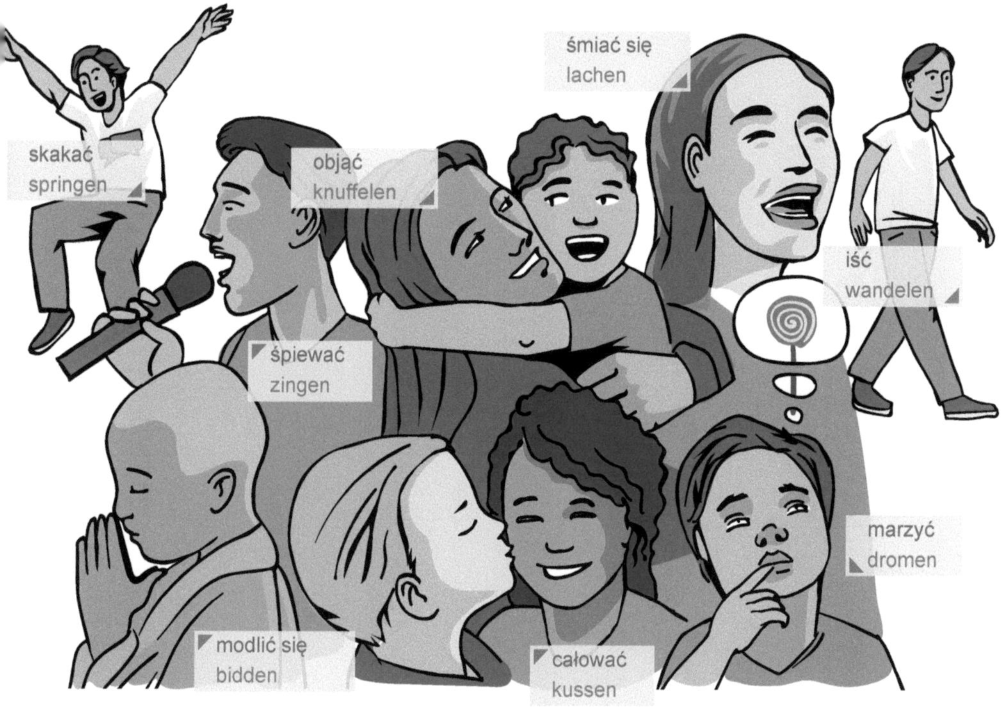

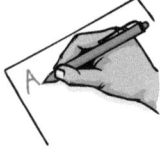

pisać

schrijven

rysować

tekenen

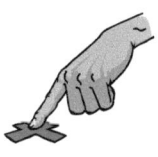

pokazywać

tonen

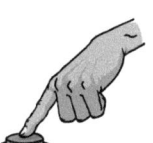

nacisnąć

duwen

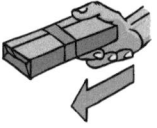

dać

geven

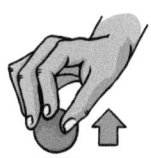

wziąć

nemen

mieć
....
hebben

robić
....
doen

być
....
zijn

stać
....
staan

biegać
....
lopen

ciągnąć
....
trekken

rzucać
....
gooien

spaść
....
vallen

leżeć
....
liggen

czekać
....
wachten

nosić
....
dragen

siedzieć
....
zitten

zakładać
....
aankleden

spać
....
slapen

budzić się
....
ontwaken

spojrzeć

kijken naar

płakać

wenen

głaskać

aaien

czesać się

kammen

mówić

praten

rozumieć

begrijpen

pytać

vragen

słyszeć

luisteren

pić

drinken

jeść

eten

sprzątać

opruimen

kochać

houden van

gotować

koken

jechać

rijden

latać

vliegen

żeglować

zeilen

liczyć

rekenen

czytać

Lezen

uczyć się

leren

pracować

werken

wejść w związek małżeński

trouwen

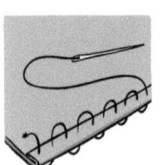

szyć

naaien

myć zęby

tandenpoetsen

zabić

doden

palić tytoń

roken

wysłać

sturen

Rodzina
familie

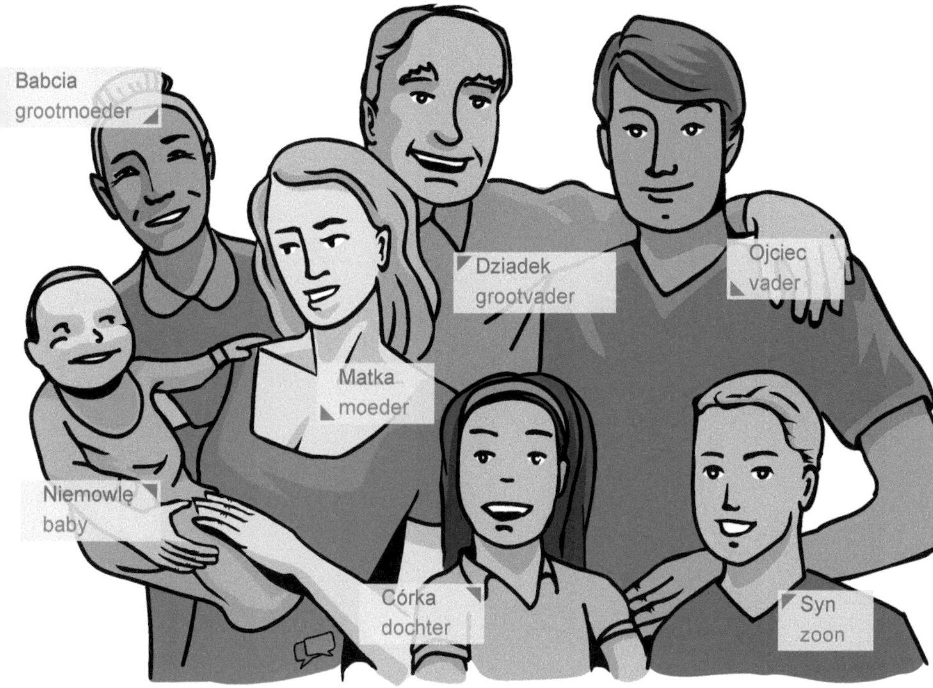
Babcia
grootmoeder
Dziadek
grootvader
Ojciec
vader
Matka
moeder
Niemowlę
baby
Córka
dochter
Syn
zoon

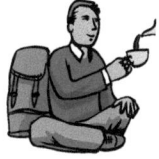

Gość

gast

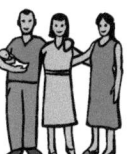

Ciotka

tante

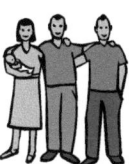

Wujek

oom

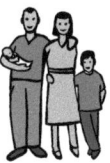

Brat

broer

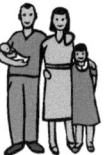

Siostra

zus

Ciało

lichaam

Czoło
voorhoofd
Oko
oog
Ramię
schouder
Palec
vinger
Twarz
gezicht
Broda
kin
Ręka
hand
Noga
been
Pierś
borst
Ramię
arm

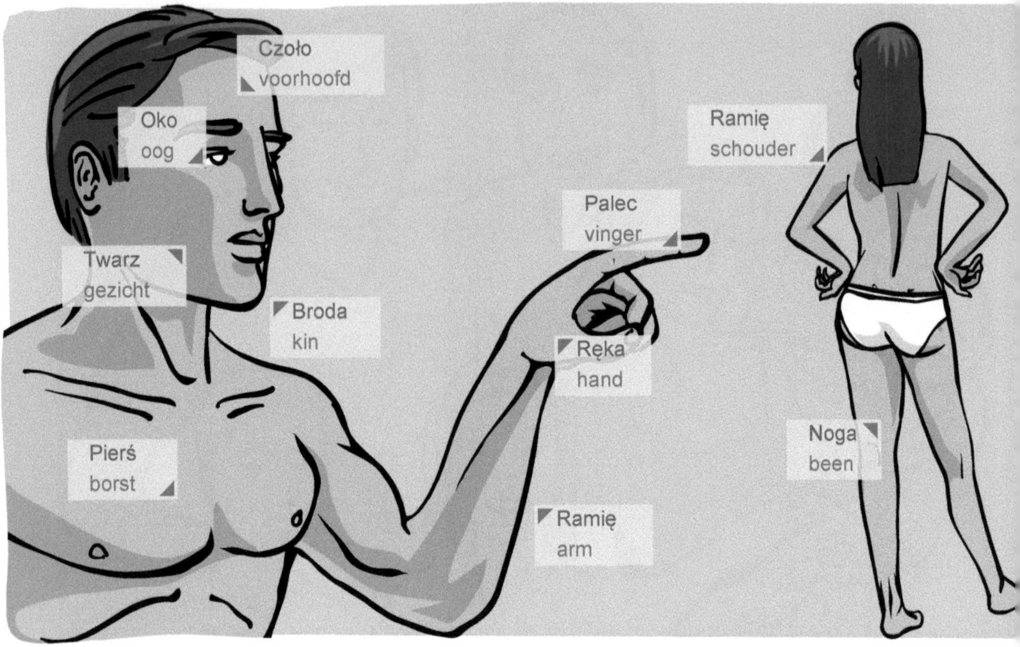

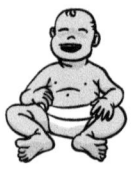

Niemowlę

baby

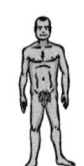

Mężczyzna

man

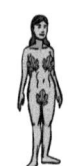

Kobieta

vrouw

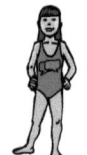

Dziewczyna

meisje

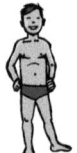

Chłopiec

jongen

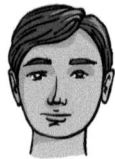

Głowa

hoofd

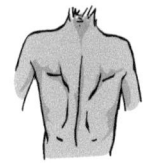

Plecy
rug

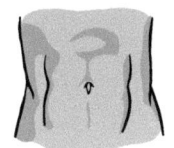

Brzuch
buik

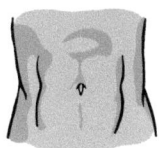

Pępek
navel

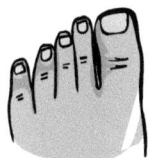

palec nogi
teen

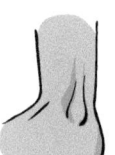

Pięta
hiel

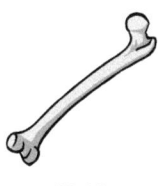

Kość
bot

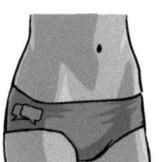

Biodro
heup

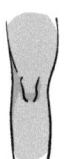

Kolano
knie

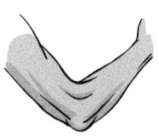

Łokieć
elleboog

Nos
neus

Pośladki
zitvlak

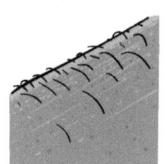

Skóra
huid

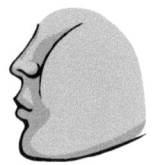

Policzek
wang

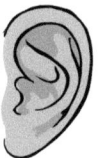

Uszy
oor

Warga
lip

Usta

mond

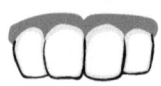

Ząb

tand

Język

tong

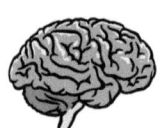

Mózg

hersenen

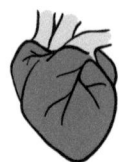

Serce

hart

Mięsień

spier

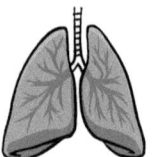

Płuca

long

Wątroba

lever

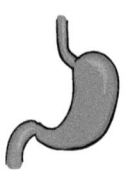

Żołądek

maag

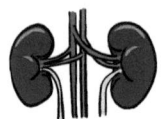

Nerki

nieren

Stosunek płciowy

seks

Kondom

condoom

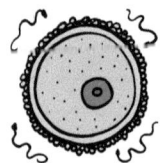

Komórka jajowa

eicel

Sperma

sperma

Ciąża

zwangerschap

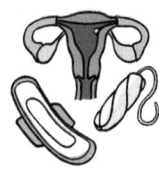

Menstruacja

menstruatie

Wagina

vagina

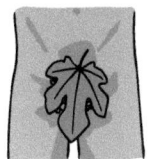

Penis

penis

Brew

wenkbrauw

Włosy

haar

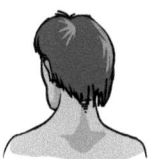

Szyja

nek

Szpital
ziekenhuis

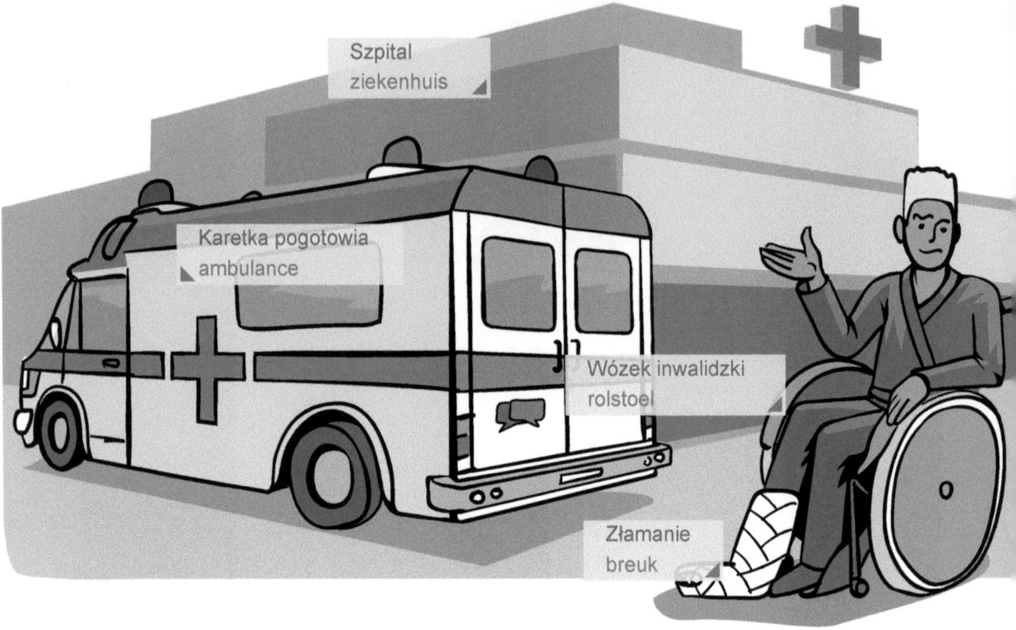

Szpital
ziekenhuis
Karetka pogotowia
ambulance
Wózek inwalidzki
rolstoel
Złamanie
breuk

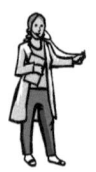

Lekarz
dokter

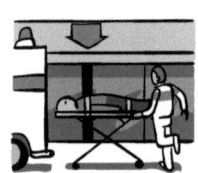

Izba przyjęć
spoed

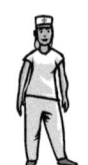

Pielęgniarka
verpleegkundige

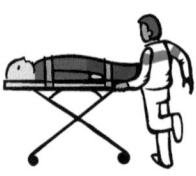

Nagły przypadek
noodgeval

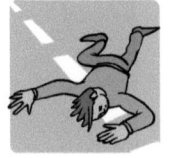

nieprzytomny
bewusteloos

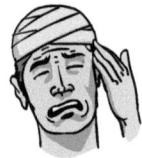

Ból
pijn

Skaleczenie

verwonding

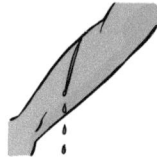

Krwawienie

bloeding

Zawał serca

hartaanval

Udar mózgu

beroerte

Alergia

allergie

Kaszleć

hoest

Gorączka

koorts

Grypa

griep

Biegunka

diarree

Ból głowy

hoofdpijn

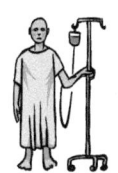

Rak

kanker

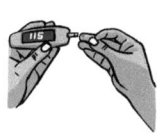

Cukrzyca

diabetes

Chirurg

chirurg

Skalpel

scalpel

Operacja

operatie

CT

CT

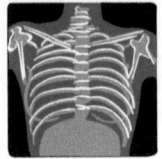

Rentgen

röntgenstraal

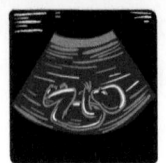

Ultradźwięki

ultrageluid

Maska

gezichtsmasker

Choroba

ziekte

Poczekalnia

wachtkamer

Kula

kruk

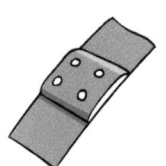

Plaster

pleister

Opatrunek

verband

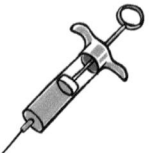

Iniekcja

injectie

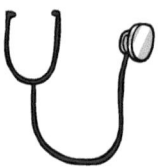

Stetoskop

stethoscoop

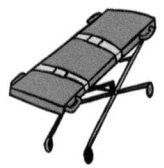

Nosze

brancard

Termometr

thermometer

Poród

geboorte

Nadwaga

overgewicht

Aparat słuchowy

hoorapparaat

Środek dezynfekcyjny

ontsmettingsmiddel

Infekcja

infectie

Wirus

virus

HIV / AIDS

HIV / AIDS

Medycyna

medicijn

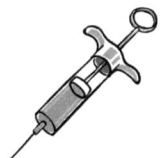

Szczepienie

vaccinatie

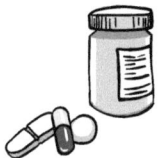

Tabletki

tabletten

Pigułka

pil

Telefon ratunkowy

noodoproep

Ciśnieniomierz krwi

bloeddrukmeter

chory / zdrowy

ziek / gezond

Pomocy!

Help!

Alarm

alarm

Napad

overval

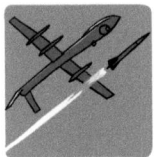

Atak

aanval

Niebezpieczeństwo

gevaar

Wyjście awaryjne

nooduitgang

Pożar!

Brand!

Gaśnica

brandblusser

Wypadek

ongeval

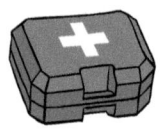

Walizeczka pierwszej pomocy

EHBO-kit

SOS

SOS

Policja

politie

Europa

Europa

Ameryka Północna

Noord-Amerika

Ameryka Południowa

Zuid-Amerika

Afryka

Afrika

Azja

Azië

Australia

Australië

Atlantyk

Atlantische Oceaan

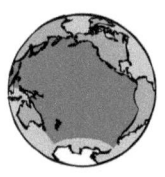

Pacyfik

Stille Oceaan

Ocean Indyjski

Indische Oceaan

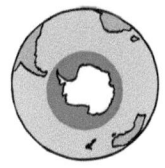

Ocean Antarktyczny

Antarctische Oceaan

Ocean Arktyczny

Arctische Oceaan

Biegun północny

Noordpool

Biegun południowy

Zuidpool

Antarktyda

Antarctica

Ziemia

aarde

Kraj

land

Morze

zee

Wyspa

eiland

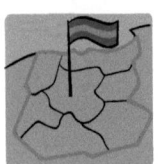

Naród

natie

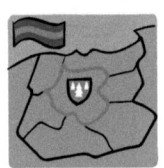

Państwo

staat

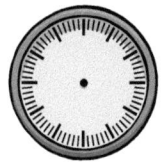

Cyferblat
wijzerplaat

Wskazówka godzinowa
uurwijzer

Wskazówka minutowa
minuutwijzer

Wskazówka sekundowa
secondewijzer

Która godzina?
Hoe laat is het?

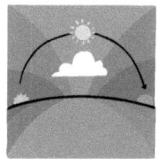

Dzień
dag

Czas
tijd

teraz
nu

Zegarek digitalny
digitale horloge

Minuta
minuut

Godzina
uur

Tydzień
week

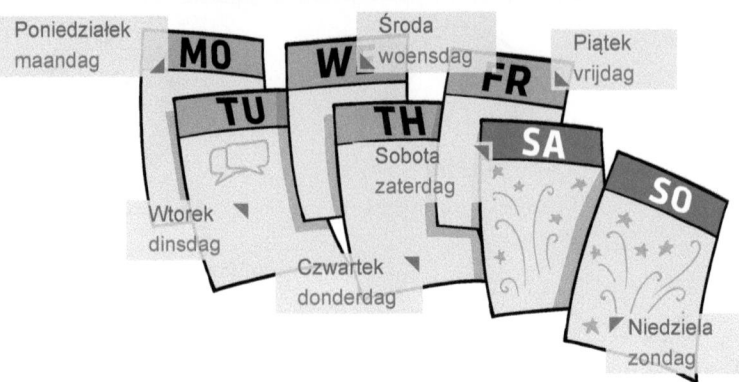

Poniedziałek / maandag — MO
Wtorek / dinsdag — TU
Środa / woensdag — W
Czwartek / donderdag — TH
Piątek / vrijdag — FR
Sobota / zaterdag — SA
Niedziela / zondag — SO

wczoraj
gisteren

dzisiaj
vandaag

jutro
morgen

Rano
ochtend

Południe
middag

Wieczór
avond

MO	TU	WE	TH	FR	SA	SU
1	2	3	4	5	6	7
8	9	10	11	12	13	14
15	16	17	18	19	20	21
22	23	24	25	26	27	28
29	30	31	1	2	3	4

Dni robocze
werkdagen

MO	TU	WE	TH	FR	SA	SU
1	2	3	4	5	6	7
8	9	10	11	12	13	14
15	16	17	18	19	20	21
22	23	24	25	26	27	28
29	30	31	1	2	3	4

Weekend
weekend

Rok

jaar

Deszcz
regen
Tęcza
regenboog
Wiatr
wind
Śnieg
sneeuw
Wiosna
lente
Jesień
herfst
Lato
zomer
Zima
winter

4.APRIL 11°
5.APRIL 4°
6.APRIL 13°
7.APRIL 8°
8.APRIL 10°

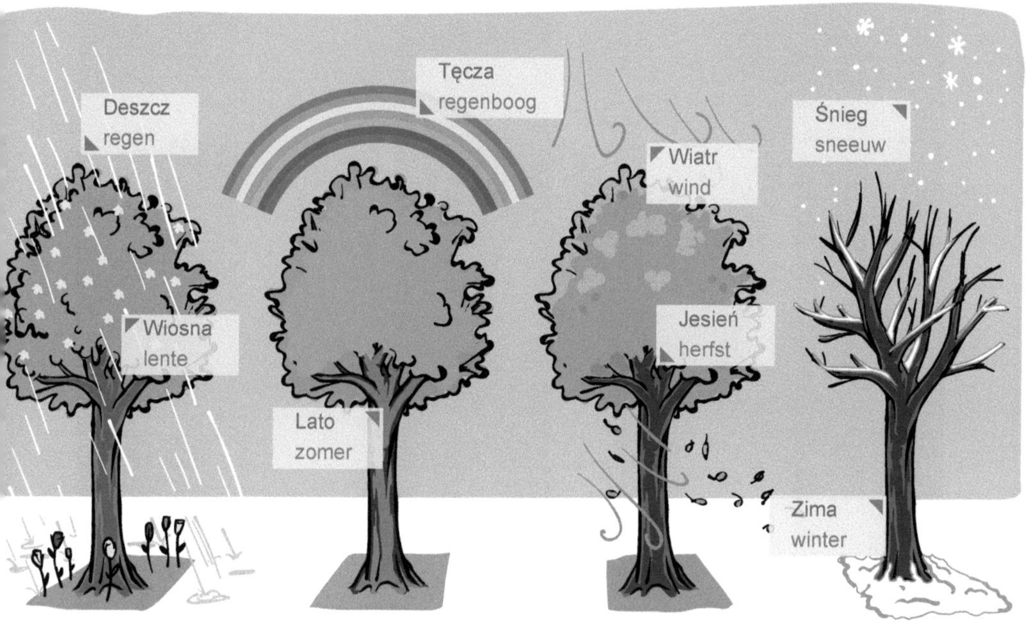

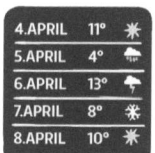

Prognoza pogody

weervoorspelling

F C
120 40
90 30
60 20
30 10
0 0
-30 -10
-20

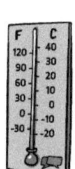

Termometr

thermometer

Światło słoneczne

zonneschijn

Chmura

wolk

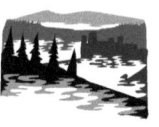

Mgła

mist

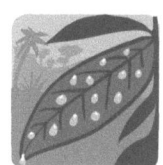

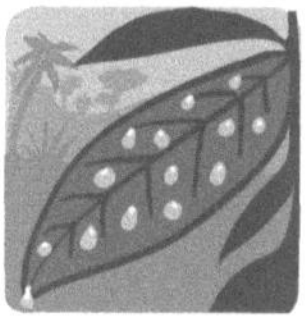

Wilgotność powietrza

vochtigheid

Błyskawica

bliksem

Grzmot

donder

Sztorm

storm

Grad

hagel

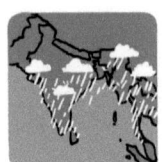

Monsun

moesson

Potop

overstroming

Lód

ijs

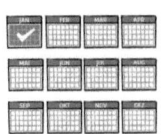

Styczeń

januari

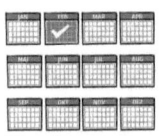

Luty

februari

Marzec

maart

Kwiecień

april

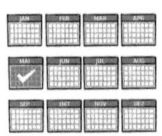

Maj

mei

Czerwiec

juni

Lipiec

juli

Sierpień

augustus

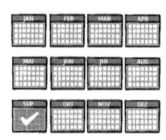

Wrzesień

september

Październik

oktober

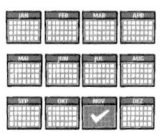

Listopad

november

Grudzień

december

Kształty
vormen

Koło

cirkel

Kwadrat

kwadraat

Prostokąt

rechthoek

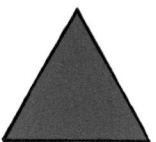

Trójkąt

driehoek

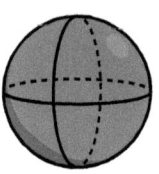

Kula

bol

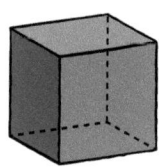

Sześcian

kubus

biały
....
wit

żółty
....
geel

pomarańczowy
....
oranje

różowy
....
roze

czerwony
....
rood

liliowy
....
paars

niebieski
....
blauw

zielony
....
groen

brązowy
....
bruin

szary
....
grijs

czarny
....
zwart

dużo / mało
veel / weinig

wściekły / spokojny
boos / kalm

piękny / brzydki
mooi / lelijk

początek / koniec
begin / einde

duży / mały
groot / klein

jasny / ciemny
licht / donker

brat / siostra
broer / zus

czysty / brudny
proper / vuil

kompletny / niekompletny
volledig / onvolledig

dzień / noc
dag / nacht

umarły / żywy
dood / levend

szeroki / wąski
breed / smal

jadalny / niejadalny
....
eetbaar / oneetbaar

zły / uprzejmy
....
kwaadaardig / vriendelijk

podniecony / znudzony
....
opgewonden / verveeld

gruby / chudy
....
dik / dun

najpierw / na końcu
....
eerst / laatst

przyjaciel / wróg
....
vriend / vijand

pełen / pusty
....
vol / leeg

twardy / miękki
....
hard / zacht

ciężki / lekki
....
zwaar / licht

głód / pragnienie
....
honger / dorst

chory / zdrowy
....
ziek / gezond

nielegalny / legalny
....
illegaal / legaal

inteligentny / głupi
....
intelligent / dom

lewo / prawo
....
links / rechts

bliski / daleki
....
dichtbij / veraf

nowy / używany

nieuw / gebruikt

nic / coś

niets / iets

stary / młody

oud / jong

włącz / wyłącz

aan / uit

otwarty / zamknięty

open / dicht

cichy / głośny

stil / luid

bogaty / biedny

rijk / arm

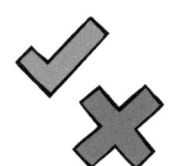

prawidłowy / błędny

juist / fout

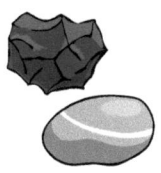

chropowaty / gładki

ruw / glad

smutny / szczęśliwy

droevig / blij

krótki / długi

kort / lang

powolny / szybki

traag / snel

mokry/suchy

nat / droog

ciepły / chłodny

warm / koud

wojna / pokój

oorlog / vrede

Liczby
cijfers

0
zero
nul

1
jeden
één

2
dwa
twee

3
trzy
drie

4
cztery
vier

5
pięć
vijf

6
sześć
zes

7
siedem
zeven

8
osiem
acht

9
dziewięć
negen

10
dziesięć
tien

11
jedenaście
elf

12	**13**	**14**
dwanaście	trzynaście	czternaście
twaalf	dertien	veertien

15	**16**	**17**
piętnaście	szesnaście	siedemnaście
vijftien	zestien	zeventien

18	**19**	**20**
osiemnaście	dziewiętnaście	dwadzieścia
achtien	negentien	twintig

100	**1.000**	**1.000.000**
sto	tysiąc	milion
honderd	duizend	miljoen

Angielski

Engels

Angielski amerykański

Amerikaans Engels

Chiński mandaryński

Chinees (Mandarijn)

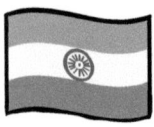

Hindi

Hindi

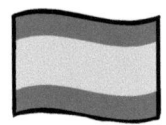

Hiszpański

Spaans

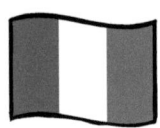

Francuski

Frans

Arabski

Arabisch

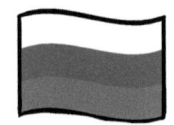

Rosyjski

Russisch

Portugalski

Portugees

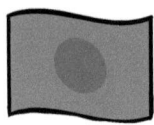

Bengalski

Bengali

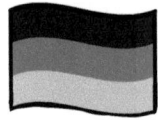

Niemiecki

Duits

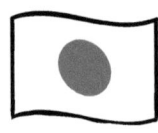

Japoński

Japans

ja
ik

ty
u

on / ona / ono
hij / zij / het

my
wij

wy
u

oni
ze

kto?
wie?

co?
wat?

jak?
hoe?

gdzie?
waar?

kiedy?
wanneer?

Nazwisko
naam

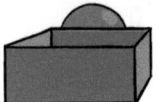

za

achter

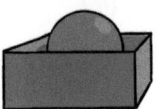

w

in

przed

voor

powyżej

boven

na

op

pod

onder

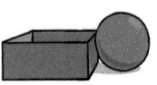

obok

naast

między

tussen

Miejsce

plaats